Cómo enseñar música en educación básica, sin saber de música

Cómo enseñar música en educación básica, sin saber de música

"HAY COSAS TAN
PEQUEÑAS Y TAN, PERO
TAN INSIGNIFICANTES,
QUE NUNCA SE NOS
OCURREN…"

Ismael Méndez

Para realizar pedidos de este libro, contacte con:
Palibrio
1663 Liberty Drive
Suite 200
Bloomington, IN 47403
Gratis desde EE. UU. al 877.407.5847
Gratis desde México al 01.800.288.2243
Gratis desde España al 900.866.949
Desde otro país al +1.812.671.9757
Fax: 01.812.355.1576
ventas@palibrio.com
433110

ÍNDICE

IN LOVING MEMORY TO:

AURELIA ORTA VILLA

"AURES"

(1908-2006)

INTRODUCCIÓN

¡Yo de música no sé nada!, ¡yo no canto ni en la regadera!, ¡dígale al profe Mayo, el sí sabe! Son algunas de las respuestas más recurrentes que encontramos en el magisterio, cuando en algún evento social o de convivencia, solicitamos que algún maestro cante o toque algo de música, sin embargo, las cosas no son tal cual aparentan, el secreto está en que **no sabemos que sabemos.** (por supuesto existen docentes con un excelente nivel musical)

Todos, de alguna u otra manera, hemos estado envueltos en situaciones o contextos musicales: en alguna canción que nos agrada, en alguna fiesta, en el automóvil, el autobús, en el cine, en un consultorio médico, en un centro comercial, en casa de un vecino o pariente, en fin podemos citar infinidad de situaciones en las que nos encontramos en el camino de las notas musicales y eso nos hace **sujetos de aprendizaje,** es decir, nuestro cerebro registra de una u otra manera, la música; cierto es que al oír alguna pieza musical rítmica, movemos el pie justo a la velocidad de lo que estamos escuchando; si aprendemos parte de la letra de una canción, afinados o desafinados, la cantamos; en ocasiones "llevamos" el ritmo con las manos, aplaudiendo, etc., en fin, nos involucramos en las cuestiones musicales de manera consciente o inconsciente.

Dicho lo anterior, retomaré lo que dice Vigotsky (1997) en su libro *"La imaginación y el arte en la infancia"*, uno de los impulsos básicos del ser humano es el llamado *"reproductor o reproductivo"* en el que reproduce o repite normas de conducta ya creadas y elaboradas o resucita rastros de antiguas impresiones, que es justo lo que se explica en el párrafo anterior, en este caso en el campo sonoro, las experiencias musicales vividas y que tú maestro de educación básica conoces como "conocimientos previos" según la tan estudiada pedagogía constructivista.

En fin no se trata de revisar teorías educativas ni nada que se le parezca, se trata de rescatar todo aquello que se encuentra empolvado en nuestra mente, en nuestros recuerdos, en esos conocimientos previos que tenemos sobre la música y encontrar el cómo pudiéramos sacarlos y darles utilidad para implementar en nuestras aulas y con nuestros niños una clase para **"enseñarles música, sin saber de música."**

Es necesario mencionar, que para ese efecto necesitaremos algunos elementos tecnológicos, tal vez la computadora, si se cuenta con ella y se tiene el dominio necesario para utilizarla, tal vez un equipo de sonido con función karaoke, una simple grabadora con reproductor de Cd's y audio cintas y si tienes la habilidad de tocar la guitarra o el piano o algún otro instrumento musical, por supuesto que puedes echar mano de ellos, en fin, el recurso que utilicemos, es bueno, nunca deberá ser una limitante.

CAPÍTULO 1

NO SABEMOS QUE SABEMOS

Para muestra basta un botón: busca alguna canción que te guste, de preferencia rítmica, y síguela con las palmas de las manos, con el pie, baila al ritmo de ella, si lleva texto, cántala, como te darás cuenta, no tiene ningún trabajo hacerlo, pues ahí está lo importante de esto, eso que estás haciendo son los conocimientos previos que tienes al respecto y por lo tanto te podrás dar cuenta de que sí sabes algo de música. Aquí resulta sumamente importante resaltar el hecho de que tiene que ser música que te guste y *"que le guste a tus alumnos"*, pues aquí reside uno de los problemas más grandes que existen en la primaria y la educación básica en general: prácticamente no se permite que el alumno decida con que música trabajar, usualmente, es el maestro quien lo decide, es él quien la escoge y trata de "imponerla" a sus alumnos lo que resulta en una actitud de desatención hacia la fuente sonora, charlas, juegos, en fin, la música no resulta interesante al grupo, por lo que **se viene un gran problema: la falta de interés.**

Solo trata de contestar esta pregunta: ¿qué pasaría si es el niño o joven quien provee la música? En la respuesta encontrarás la **"llave mágica hacia la enseñanza de la música",** ya lo comentaremos más adelante.

En el caso de que seas docente de primaria y si manejas tu clase de música de manera sistemática una o dos veces por semana y permites que tus alumnos elijan la música con la que quieren trabajar, vamos por buen camino.

Posiblemente también puedes pensar que eso no tiene "chiste", que es demasiado simple, sin embargo si te remites a los planes y programas de estudio de la educación primaria 1993 de México, se especifica que la educación musical que se imparta en las escuelas públicas de educación básica no lleva ningún grado de especialización, que éste corresponde a "los conservatorios y escuelas especializadas al respecto", situación que coincide con lo que expresa la RIEB 2011, en lo concerniente a educación musical. (Reforma Integral de la Educación Básica -en México 2011-)

Y aquí, con esto, rompemos el viejo tabú de que consciente o inconscientemente ***pretendemos que nuestros alumnos adquieran un nivel de ejecución musical aceptable*** a los ojos de los demás, principalmente si son colegas, y es cuando "echamos mano" de los alumnos que "saben más de música", es decir aquellos que cantan bien o que tocan algún instrumento y lamentablemente ***cometemos un grave error: relegar a los niños que saben poco o que no saben nada,*** para centrarnos en aquellos que nos puedan dar "buenos lugares" en los eventos escolares que participemos.

Aquí hay un principio importante que debemos rescatar: **esta propuesta, se centra en incluir a todos los niños de nuestro grupo, no se hacen distinciones por el hecho de que unos**

sepan cantar, tocar o bailar más que otros, se trata de participar con gusto, sin dar lugar a las críticas, dejando solo el placer de hacerlo.

La pregunta obligada sería ¿Cómo le puedo hacer si no se nada? O bien, si se muy poco al respecto...

En los siguientes capítulos de este libro, que solo pretende ser un auxiliar en el trabajo del docente, se ofrece una metodología sencilla que no tiene ninguna dificultad para aplicarse, consistente en una serie de ejercicios de fácil aplicación, los cuales al ver su sencillez, podrás decir: ¡Así, hasta yo doy clase de música! Y en lo particular, a un servidor como autor, me daría una alegría infinita poder contribuir aunque sea con algo tan simple, en la educación de nuestros niños y jóvenes para poner en sus manos una semillita que al germinar coadyuve a una verdadera educación integral y que haga de ellos lo que todo padre y madre quisiera de sus hijos: **que sean buenos ciudadanos.**

CAPITULO 2

¿CÓMO LE VAMOS A HACER?

Antes que nada se hace estrictamente necesario echar un vistazo hacia atrás, tal vez hasta nuestra niñez y recordar que tipos de contacto tuvimos con la música, para algunos de nosotros tal vez fueron experiencias agradables, para otros no tanto, en fin, lo cierto es que desde pequeños hemos estado en contacto con los sonidos musicales.

Si estuviste en educación preescolar, tal vez recuerdes aquellos cantitos que tu maestra te enseñaba:

"Pin pon es un muñeco, muy guapo y de cartón,
se lava sus manitas con agua y con jabón..."

"Tres pececitos se fueron a nadar,
el más pequeño se fue al fondo del mar..."

...y muchos, más, bueno, yo no estuve en preescolar, pero la mayoría de mis alumnos sí y de ellos fueron de quienes saqué estas referencias, de las cuales hay que resaltar varias cosas:

La primera es que desde el parvulario existe la preocupación (o compromiso) de iniciar a los pequeñines en el contacto o como en este caso, en el disfrute de la música.

En segunda, son los o las maestras de preescolar quienes nos inician, no solo con la música, sino con la expresión musical y corporal: nos ponen a cantar, a bailar, a aplaudir, en fin, aparte de lo que experimentamos en el seno familiar, ellas nos ponen frente a la fuente y expresión sonoro-musical.

Tercera, no obstante, que no es posible monitorear que tan agradable o no puede ser para los párvulos dicha experiencia, una cosa sí es cierta: con estas actividades los están proveyendo de lo que serán más adelante, sus *conocimientos previos*.

Y cuarta, al referir "lo que experimentamos en el seno familiar" me refiero a las experiencias musicales que recibimos desde bebés en casa: el arrullo de mamá, cuando le cantas a tu bebé, lo cargas y bailas y canturreas con él, la escucha de la radio, del estéreo de la casa, etc. Prácticamente siempre, de una u otra manera, estamos inmersos en un contexto sonoro y por ende, musical.

Ahora, más adelante, conforme vamos creciendo, el contacto con la música se va haciendo más frecuente, consciente o inconscientemente; de una u otra manera, nos vamos involucrando cada vez más y más, ya sea de manera un tanto formal o bien, completamente informal, es decir comenzamos a escuchar algún tipo específico de música, y se inicia lo que comúnmente conocemos como "gusto musical".

Es importante reflexionar un poco en este término, pues en conjunción con lo que anteriormente llamé "La llave mágica", es obvio que si es el alumno quien provee la música con la que quiere trabajar, traerá **la música que a él le gusta.**

Es posible que como profesor, no estés de acuerdo con la música que lleven tus alumnos, inclusive que ni la conozcas o lo que es peor, que no te guste, pero recuerda que apenas estás entrando en sus gustos, estás en una etapa de exploración, mediante la cual no pretendes cambiar el gusto musical de tus alumnos, pretendes mostrarles diferentes alternativas musicales, desde la escucha, el canto, la expresión corporal y por qué no, la ejecución musical.

También no debes olvidar que no se trata de luchar contra los medios masivos de comunicación, porque a decir verdad, no creo que les hagamos nada, más bien hay que ponerlos de nuestro lado, se trata de saberlos utilizar para lograr lo que nos proponemos: que nuestros alumnos se inicien en un incipiente camino musical, que por qué no, sea la semilla que los inicie en el estudio profesional de esta disciplina.

Muy bien, te estarás preguntando qué pasó con la respuesta que plantea el encabezado de este capítulo, pues bien, no hay tal respuesta de manera categórica, dicha respuesta se irá desmenuzando conforme avancemos en el desarrollo de éste trabajo, pero creo que ya tienes la primera pista: **los conocimientos previos de tus alumnos y sus gustos musicales.**

Para este efecto, quisiera relatarte una experiencia que tuve con mis alumnos de la Normal del Desierto (cuyo nombre oficial es Centro Regional de Educación Normal "Profa. Amina Madera Lauterio) de Cedral, S.L.P. México, cuando inicié la investigación de este trabajo: Como alumno de la Escuela Nacional de Música que fui, creí tener los elementos teórico-musicales suficientes para afrontar el reto de conducir un "taller de música" en la Licenciatura en Educación Primaria que hasta la fecha imparte en el mencionado centro educativo, pero, no obstante se desarrolló dicho taller, no resultó como yo hubiese querido, en virtud de que me creí "conocedor" de la materia y una de mis primeras ideas fue introducir lo que a mi ver era *"la buena música"*, aquella que según yo *"debían saber los futuros licenciados en educación primaria"*, no debían escuchar *"música corriente o popular"*, según mis muy personales concepciones, pero ¡Ohhhhhhh decepción! simple y sencillamente ¡no me hacían caso! resultó para ellos una música no del todo desconocida pero sí aburrida, pesada, les daba sueño, en fin, fue un fracaso mi propuesta de enseñanza de la música para el taller. Sin embargo cierta ocasión, me dije: "Bueno y si les digo a los muchachos que ellos traigan la música que quieran.... ¿Qué pasará?"

¡Mágico! Sobraron Cd's, llegó mucha, mucha música, pero se me vino un problema: "De tanta que tenemos, ¿cuál escoger?" El problema lo tuve que resolver: formamos equipos, cada equipo eligió un solo disco y de ahí una sola canción y posteriormente mediante una votación, en secreto se eligió una de las canciones propuestas, siguiendo la que más votos tuviese después de esa y así sucesivamente, pero resultó que todas las canciones seleccionadas eran conocidas por los alumnos (tal vez por mí no, pero eso no me importó) y me di cuenta de que este hecho, tal vez insignificante, me sirvió para encontrar lo que te he presentado como **La llave mágica,** espero que este relato anecdótico me haya servido para aclararte este término metafórico.

De aquí en adelante, no hay mucho que discutir, se precisa iniciar por lo que el alumno conoce y lo más importante: **que le guste la música con la que ha de trabajar.**

CAPÍTULO 3

CONCEPTOS BÁSICOS

No es afán de un servidor, aburrirte con una terminología musical que tal vez ya conoces, pero considero prudente, hacerte saber algunos conceptos que tal vez llegues a utilizar en la aplicación de ésta propuesta de trabajo.

Comenzaré por comentarte el **concepto de música**, pero no quisiera caer en definiciones de diccionarios o enciclopedistas, se trata de entender qué es la música para nosotros como personas, como maestros, como alumnos, con un sentido meramente humano, de disfrute, de gusto, y ante lo cual, citaré algunas cuestiones que me proporcionaron niños y jóvenes que entrevisté al respecto:

"Para mí, la música es el sonido"

"La música son todos los sonidos que producen los instrumentos musicales y que nos sirve para cantar, bailar y divertirnos"

"Es un conjunto de sonidos producidos con los diferentes instrumentos musicales que son agradables para el oído y que sirven para relajarnos y divertirnos"

En fin, podríamos tener tantas concepciones como a jóvenes y/o niños preguntásemos, pero de todas las ideas anteriores podemos extraer un común denominador: todas refieren la palabra **sonido**, es decir la música es sonido, todos estamos de acuerdo en que es mediante sonidos como percibimos la música, ya si ésta es buena o mala, según las personales percepciones, es otra cosa.

Ahora bien, **¿qué es el sonido?**, en esta ocasión tomaré el sentido enciclopedista de las cosas y consideraré los argumentos de Machlis en su libro "La música del Siglo XX" quien sostiene que sonido es *"el efecto que producen las vibraciones rápidas de los cuerpos y que se propagan en los medios materiales y el espacio y estimulan el órgano de la audición"*, en un lenguaje más llano sería la serie de vibraciones sonoras que son perceptibles o no al oído humano y que pueden o no, ser agradables.

No obstante no pretender entrar en un lenguaje técnico propiamente dicho, es necesario hacer mención de algunos elementos que componen la música, tal es el caso, como ya se mencionó, del sonido; sin embargo existen otros no menos importantes los cuales vale la pena comentar: *El ritmo*, se entiende como el movimiento que tiene el sonido y su desplazamiento a intervalos dentro del tiempo musical. (espero que esta explicación sea convincente) pero no es más que el movimiento del sonido dentro de sus diferentes notas y valores musicales.

Otro elemento importante, es el *silencio*, el cuál de una manera simple sería la ausencia del sonido, pero hay que puntualizar que no es el silencio en el que no se percibe ningún ruido o sonido, se refiere a que en la música las notas no están sonando de una manera permanente y constante, sino que hay momentos en los que éstas dejan de sonar, es decir algún instrumento tiene partes en que no toca y por lo tanto las notas que emite entran en silencio y permiten la percepción de las otras, no olvidemos que al referirme a notas estoy hablando ya en terminología musical, si se le quiere decir así, de sonidos.

Los tres componentes de que he hablado son los llamados elementos de la música: *sonido, silencio y ritmo*, de los cuales solo nos faltan resaltar las tres **cualidades del sonido**, porque no podemos olvidar que los sonidos o notas que percibimos no son iguales, es decir tienen tres cualidades que los hacen diferentes y que son **altura, timbre e intensidad.** (Joseph Machlis, 1981)

Por *altura* entenderemos lo grave o agudo que puede ser un sonido, considerando el sonido grave como un sonido grueso y el agudo como un sonido delgado, fino, para ejemplo práctico, los sonidos de un violín entran en la clasificación de instrumentos agudos, no obstante en referencia consigo mismo, el violín también tiene sus propios graves y agudos. Un ejemplo de instrumento grave sería lo que en la música popular de banda conocemos como tuba, que al igual que el violín, también tiene su registro grave y su registro agudo. Para efectos de orquestación no hay un acomodo específico de los instrumentos musicales por su mayor o menor altura, en virtud de que dependiendo de la pieza que se esté ejecutando, serán los matices que se den a la misma, es decir, ese movimiento entre agudo y grave, entre piano y forte.

El *timbre* es tal vez más sencillo de comprender, pues es la cualidad que nos permite identificar la fuente sonora de donde proviene el sonido: de un piano, de un violín, de un acordeón, etc., incluso el timbre nos permite identificar la voz de algún cantante conocido o bien la voz de las personas allegadas a nosotros con solo escucharlas hablar. En este caso sí hay un acomodo específico de los instrumentos de un grupo u orquesta por su timbre, en este último caso los instrumentos se acomodan por secciones: cuerdas (violones, violas, cellos y contrabajos), maderas (flautas, oboes, clarinetes, fagotes, contrafagotes), metales (trompetas, trombones, cornos) y percusiones (todos los instrumentos que se golpean: tambores, triángulos, panderos, etc.) (Joseph Machlis, 1981) Es necesario mencionar que no estoy enumerando todos los instrumentos que conforman una orquesta, solo se hace una referencia de ellos para comprender la explicación que se da de las cualidades del sonido.

Tocante a la *intensidad*, también resultará fácil su comprensión, pues no se trata más que de lo fuerte o débil que es el sonido. Al igual que en la altura, los instrumentos no se clasifican por esta cualidad dentro de un grupo u orquesta, pues será la obra o tema que se ejecuta la que determinará en qué momento los instrumentos, o cuáles de ellos, entrarán en esos fortes o pianos tan bellos en la música.

Para finalizar esta breve exposición sobre las cualidades del sonido, haré mención de dos términos que surgieron en el transcurso de la misma: *piano* se refiere a la ejecución de los sonidos musicales de una manera suave, en ocasiones casi imperceptible, dando una sensación de paz, de tranquilidad;

forte, al contrario, es la ejecución vigorosa, fuerte, de los sonidos musicales, es el contraste de piano. Es la cohesión de esta cualidad del sonido en estas dos modalidades, lo que da a la música esa belleza, ese movimiento ondulado y agradable, que espero más adelante, pueda comprenderse con las actividades que trae consigo este trabajo.

Una vez que se han hecho estas aclaraciones, que espero hayan sido comprensibles y sencillas, es necesario entender otras tres cuestiones de la música y que de una u otra manera estaremos en constante interacción a lo largo de este trabajo, me refiero al **ritmo, la melodía y la armonía**, (Joseph Machlis, 1981) pero en esta ocasión hay una variable: desde esta perspectiva el *ritmo* no se refiere al desplazamiento del sonido en el tiempo musical y en el espacio, ahora me refiero al ritmo que lleva la música en sí, a esa característica de la música que popularmente llamamos "tiene buen ritmo" o que "es una música rítmica y muy alegre"; por otra parte, mencionaré también *"melodía"* y que sin entrar en términos técnicos es la parte de la música que se nos graba, la "tonada" de la canción, como solemos decir y que es aquella que recurrentemente silbamos, tarareamos o canturreamos, en pocas palabras es la parte más pegajosa de la música. Por último no olvidemos la *armonía* y que para efecto de entenderla, es el acompañamiento instrumental que tiene toda pieza musical, desde una obra de orquesta hasta una simple canción popular acompañada con una guitarra.

Muy bien, una vez hecho este recorrido de términos musicales y de lo que espero haya sido suficiente, debemos continuar con nuestro trabajo, no sin antes mencionar que durante el transcurso del mismo, es posible que aparezcan otros términos, de los cuáles iremos dando cuenta conforme vayan presentándose, pero que en definitiva no serán obstáculo para la comprensión del mismo.

CAPÍTULO 4

SERIAS RECOMENDACIONES

Todo lo que sigue fue producto de una larga, muy larga investigación, en la cual hubieron de experimentarse una serie de actividades que de entrada no funcionaron como yo lo esperaba, pero conforme fueron practicándose más y más, se perfilaron como las actividades que, de forma sintética, pretendo presentarte y de las cuales no hay necesidad de saber cómo surgieron, en virtud de qué lo que nos ocupa es ver cómo vamos a *enseñar música a nuestros alumnos de educación básica sin saber de música* y que finalmente representará el fruto de este trabajo, tanto para mí como para todas aquellas personas que se interesen por el mismo.

No obstante, antes de iniciar propiamente en las actividades como tales, es necesario considerar las siguientes y muy *serias recomendaciones.*

Primera recomendación: Un detalle sumamente importante y que aunque lo sabemos, la dinámica diaria de la escuela y las clases propiamente dicho, nos hacen olvidar, es el escenario de trabajo, generalmente, nuestra aula ya está "arreglada" de cierta manera y por ende no ponemos atención en este detalle; pues la recomendación va en ese sentido: arreglemos el salón, mantengámoslo limpio, ordenado, bonito, con un poco de creatividad sin invertir prácticamente nada, pongamos unas flores (artificiales, si así lo quieres) que tú o tus alumnos pueden proporcionar; pon algunos cuadros, imágenes, paisajes, etc. (que igualmente tú o tus discípulos pueden llevar); si es posible pon un mantel en la o las mesas de trabajo, dale otra fisonomía a tu salón, deja cabalgar tu imaginación y que todos en el grupo se sientan bien en su espacio de trabajo, recuerda que en propiedad no es tuyo pero en esencia sí. ¡Quiérete y quiere a tus alumnos!

Resulta sumamente importante disponer, en la medida de lo posible, de un espacio cómodo y adecuado para realizar nuestro trabajo, sino es factible algo muy elaborado, el orden y la limpieza serán aliados nuestros sin condiciones.

¡Una planta, puede marcar una gran diferencia!

Segunda recomendación: De esto no tengo mucho que decirte, como docente sabes la importancia de tener bien planeadas las actividades que pretendes realizar con tus niños o alumnos.

A este respecto es importante saber que yo no te ofrezco algún formato específico, sin embargo más adelante te presentaré algo con lo que he trabajado, pero solo a manera de sugerencia, siéntete libre de elaborar el que más se acomode a tus necesidades, lo que sí te recomiendo es que planees tus clases a conciencia, que evites la improvisación, pues es importantísimo que tus alumnos sepan a dónde quieres que lleguen, en otras palabras, comparte tu plan de clase con ellos, si se puede, elabóralo con ellos o algunos de ellos, haz que se sientan parte importante de su clase, porque finalmente todo lo que hagas, es para ellos...¿no?

Tercera recomendación: Esta puede parecerte un poco difícil, pero en realidad no lo es: al igual que el espacio de trabajo y la planeación de actividades, es de suma importancia contar con los implementos técnicos o tecnológicos con los que hemos de trabajar y que resultarán necesarios.

¿En qué consiste la dificultad? No lo es en sí, pero si vas a trabajar con una grabadora, es necesario que ésta funcione correctamente, obvio ¿verdad? Sin embargo muchas ocasiones si hay fallas en el equipo técnico se nos echan a perder las actividades y no resultan como lo estaba previsto.

Por otra parte, hay actividades que no requieren ningún apoyo técnico o tecnológico, no obstante, cuando éstos se requieran, se precisa que funcionen como decimos coloquialmente "al ciento" y que no vayan a ser una dificultad en lugar de un apoyo. Específicamente me refiero al sistema de sonido conocido como "karaoke", el cuál puede ser el conocido como "combo", que en un solo aparato incluye las funciones necesarias para reproducir discos de éste y otros formatos, que sin embargo, aunque puede simplificarnos el trabajo, una gran mayoría de éstos aparatos son en blanco y negro, lo que tiene el inconveniente de que el texto de la canción no se va marcando con claridad, es decir a veces "no se nota" que se coloree el texto y por ende, **no es posible seguirlo al pie de la letra,** lo que necesariamente implica una dificultad; la recomendación va en el sentido de utilizar preferentemente televisiones a "a color" de tal manera que el texto de la canción lo veamos con claridad, así como el coloreo del mismo.

Existe otra alternativa que consiste en un reproductor de DVD, el cuál debe incluir la lectura de discos con formato "karaoke" y que deberá estar conectado a una televisión "a color" con entradas "RCA" (más adelante te presentaré algunas imágenes al respecto) porque a decir verdad, ya contando con estos adelantos tecnológicos que hasta hace pocos años atrás no teníamos, las cosas se facilitan y se facilitan de verdad.

En caso de tener conocimiento de este tipo de conexiones, has caso omiso de esta recomendación, no obstante quise presentarla, en el supuesto de que existiese alguna dificultad al respecto.

Las siguientes imágenes muestran algunos ejemplos de éstos equipos y cómo deben estar conectados.

Imagen de un reproductor de discos compactos con formato "Karaoke" de los llamados "combos", que no necesitan ningún tipo de conexión especial, solo cargar el disco y darle "play" el modelo presentado es "a color"

Modelo de televisor con reproductor de CD y DVD, en este caso es necesario asegurarse que lea el formato "karaoke"; no necesita conexión especial. Este modelo también es "a color"

Un poco más adelante te propongo un formato de planeación, que como te digo en el apartado correspondiente, puedes diseñarlo a tu gusto, pero por favor, planea tus actividades, no confíes tanto en tu memoria, recuerda el viejo adagio: *"Vale más pálida tinta, que brillante memoria"*

Finalmente, si en tu aula cuentas con una PC o una Lap Top además de un proyector, no tendrás ningún problema para la utilización de los discos de karaoke, siempre y cuando tu equipo sea compatible con ese formato. Ahora, si tienes internet en tu escuela y tu aula, en la página de YouTube, encontrarás miles de canciones en karaoke.

Esta imagen, representa la parte posterior de un reproductor de DVD con lectura de Karaoke, observa la conexión que dice video (arriba a la derecha) la cual deberá ir conectada a la conexión del televisor del mismo color (ambas deber ser amarillas). Las conexiones a la izquierda de ésta misma, son las conexiones de audio R- L (una blanca y una roja) deberán conectarse igualmente a las conexiones del mismo color de tu televisor. Debes ser cuidadoso de no utilizar las conexiones con la leyenda *"component video out"* pues éstas se utilizan para amplificar la salida de video en un proyector; son tres y vienen en verde, azul y rojo.

Esta imagen representa la parte la parte frontal de un televisor a color con conexiones llamadas RCA, las cuales deberás conectar en la parte posterior de tu reproductor de DVD Karaoke, guiándote por sus colores: el amarillo siempre es video, el rojo y el blanco siempre corresponderán al audio L- R, cuidando no conectar el "component video out".

Aspecto de un reproductor de DVD con lectura de formato Karaoke. Puede apreciarse la leyenda alusiva, del cual ya se mostró cómo debe conectarse.

Modelo de reproductor de Karaoke tipo "combo" el cuál no requiere conexión especial, pero el de la ilustración es un modelo en blanco y negro, el cual no es del todo recomendable, pero sin embargo, al no contar con un modelo a color, puede utilizarse.

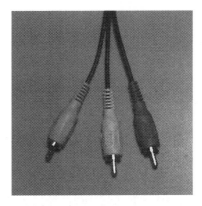

Los cables llamados "RCA" definitivamente ya los conoces y vienen codificados con los colores que he descrito: amarillo para video, rojo y blanco para audio.

Para finiquitar estas recomendaciones, te presento el formato que he utilizado para la planeación de mis clases, obsérvalo solo a manera de sugerencia y siéntete libre de manejar el que más se acomode a tus necesidades.

PLAN DE CLASE

Escuela	CREN "Profa. Amina madera Lauterio"	Grado	Grupo	Total alumnos	Fecha
Ubicación	Cedral, S.L.P.	5°.	"A"	26	Ene. 23 2011
Nombre del Prof.	Ismael Méndez				

Asignatura	Taller de Música
Módulo	Música
Actividad a realizar	"El placer de cantar"
Propósito	Iniciar al joven (o niños) en el canto

Recursos necesarios	Equipo de sonido
	Discos de música a escuchar
Secuencia de actividades	* Seleccionar previamente el o los temas a cantar.
	* Tener listo el equipo de sonido.
	* De tenerlos en formato Karaoke, proceder a su reproducción.
	* De no tenerlos en formato Karaoke, tener lista la lámina con la letra.
	* Invitar a los niños a cantar la canción en cuestión (es importante recordar que es música que les gusta)
	* Repetir la canción o canciones las veces que los niños quieran y sea necesario.
	* Cantar las otras canciones seleccionadas.
Evaluación	

Antes de continuar, quisiera resaltar algo que viene presente en el cuadro de planeación anterior y que considero, no debe pasarse por alto por ninguna circunstancia.

Como te darás cuenta, se está ejemplificando una planeación para la actividad denominada "El placer de cantar" en la cual se presenta la utilización del sistema Karaoke, solo pregúntate algo ¿Qué hacer si la canción seleccionada por los niños, les queda "muy alta", es decir que de lo aguda que está no "la alcancen" o lo contrario, "muy baja" o sea que este demasiado grave y tampoco la puedan cantar? No te angusties, ni te preocupes, podemos hacer lo siguiente: Primeramente al seleccionar la canción, por la tesitura de voz de los niños, generalmente, les acomodarán temas que canten mujeres, lo cuál te ayudará mucho en la afinación. (tesitura es una característica tanto de los instrumentos musicales como de la voz humana, mediante la cual, acotamos la nota más grave y la más aguda del instrumento o voz humana en cuestión)

Por otra parte, en la música popular actual, la mayoría de los cantantes tienen una tesitura alta, es decir, cantan muy agudo, lo que te servirá para que los niños los imiten con más facilidad.

Pero, si en tu concepción la canción sigue quedando muy "baja" inténtalo, hazles saber este detalle a tus niños y entre todos valoren si quieren seguir con el tema seleccionado o quieren tratar otro de los que tenían preparados. Canciones que les agraden, hay miles...

Para dar continuidad, hay que combinar las actividades sugeridas, es decir no basta con realizarlas una vez, necesitas practicarlas una y otra vez, hasta que tus alumnos y tú mismo(a), percibas que van avanzando en los propósitos planteados en un principio. Lo que viene más adelante, ya es la estructura curricular que se ofrece, en un orden secuencial sugerido, el cual es susceptible de que lo ajustes a tus necesidades particulares.

CAPÍTULO 5

¿Y AHORA QUÉ?

Ahora viene lo bueno: ¿Qué puedo hacer?, ¿Cómo lo voy a hacer? ¿Con qué lo voy a hacer? ¿A dónde quiero llegar?, en fin tantas preguntas como quieras, que serán las que nos marquen la ruta a seguir.

Bien, empezaremos por el principio: Para éste efecto echaré mano del producto que me dio la idea para escribir este libro: El proyecto de innovación de intervención pedagógica que realicé en mi paso por mi querida escuela la UPN (Universidad Pedagógica Nacional) unidad 241 con sede en San Luis Potosí.

No es pretensión relatarte cómo surgió la idea, solo te comento que a raíz de ese trabajo, se formuló un proyecto que a la postre sería el papá de este nuevo trabajo y que para no dar tantas vueltas te iré presentando poco a poco y explicando cómo aplicar las diferentes actividades que se irán desdoblando del mismo.

Primeramente, te presento el proyecto tal cual quedó, después de una minuciosa evaluación y aprobación por mis asesores de UPN.

Este proyecto, ya cocinado, inicié aplicándolo con mis alumnos del Centro Regional de Educación Normal "Profa. Amina Madera Lauterio" sito en el Municipio de Cedral, S.L.P. bajo el nombre de Taller de Música, te lo presento tal cual quedó, omitiendo las fechas en que lo llevé a práctica, el encabezado fue el siguiente:

Proyecto de Innovación de Intervención Pedagógica:

Modalidad: Taller

Denominación: Taller de música

Alcance: Semestral

Ciclo escolar:

Responsable: Prof. Ismael Méndez

1. Presentación del Taller

La pretensión de los talleres consiste en proporcionar al alumno normalista, todos aquellos elementos que por alguna causa no se incluyen en el mapa curricular de la licenciatura; en el caso del taller de música habrán de proveerse aquellos que coadyuven al manejo de esta disciplina en el aula de primaria, de tal manera que faciliten el trabajo en este renglón tan desprotegido pero tan necesario en la formación integral de los niños de la región.

El punto de partida siempre será lo que los alumnos normalistas conozcan al respecto, sus gustos musicales, sus experiencias, sus habilidades y todo aquello que tenga que ver con lo artístico; es menester mencionar que esto no es una clase de música propiamente dicho, sino **cómo poder aprovechar lo que sabemos para utilizarlo con los niños de primaria**, de tal manera que ellos también aprovechen lo que saben por qué, ... todos sabemos algo de música ¿no?

2. Diagnóstico

Estudios realizados por un servidor, demuestran que la música **no ocupa un lugar relevante en la formación de los niños de la región**, se utiliza ocasional, mas no sistemáticamente, de tal forma que solo se maneja en ciertos momentos de la vida escolar: concursos del himno nacional, de villancicos, de canto individual, pero que no reflejan un trabajo sistemático, por lo que se hace necesario buscar estrategias de trabajo que hagan de la música en el aula, algo placentero y agradable y que proporcione los resultados necesarios para una mejor formación de los niños de primaria y educación básica en general.

Cabe mencionar que en la citada institución, existen alumnos con excelentes habilidades artísticas que en un momento dado podrían facilitar esta tarea, sin embargo el trabajo de este taller, va dirigido a todos los alumnos, con o sin habilidades musicales, pues es necesario admitir que **"todos sabemos algo de música"** y que sin ser maestros de la materia, podemos impartirla de una manera amena y sencilla en el aula de primaria.

3. Propósitos u Objetivos:

1. Presentar al alumno normalista la situación de la educación musical en la región, de tal manera que se involucre en la solución de la problemática detectada.
2. Proporcionar al alumno los elementos necesarios para manejar la música en el aula de primaria, partiendo de lo que sabe al respecto y de los intereses de los niños del aula.
3. Que el joven normalista aprenda a escuchar, es decir a posar su oído en la fuente sonora: ya sea en el mensaje, en la instrumentación, en el tipo de música, etc., de tal modo que analice y disfrute.
4. Que el alumno normalista tenga una formación inicial en el manejo del Himno Nacional Mexicano.

4. Actividades a realizar

ACTIVIDADES
• **Presentación del taller**
• **Etapa 1. La educación Musical en la región**

- **Etapa 2. Cómo iniciar las actividades.**

1. Lo que cantan los niños.

2. Cantos y movimientos.

3. Trabajo extramuros.

4. Cantos, movimientos y música.

5. Lo que aportan los alumnos del CREN.

- **Etapa 3. Juguemos con la música**

1. El placer de escuchar: La fiesta y La audición.

2. El placer de cantar: Cómo escoger la música.

3. El placer de tocar: Elaboración de instrumentos musicales de percusión.

- **Etapa 4. Estudiemos la música.**

1. Cómo emitir la voz. Ejercicios de respiración.

2. Ejercicios de vocalización.

3. Vocalización en primaria

4. El Himno Nacional Mexicano.

5. Elementos básicos para practicarlo y dirigirlo.

- **Etapa 5. Pongamos todo en práctica.**

1. Conjugación de todo lo estudiado a lo largo del taller partiendo del apoyo de alumnos que tocan y tienen en casa algún instrumento musical.

2. Preparación de la muestra del taller.

El esquema anterior representa el proyecto con el que estuve trabajando en el CREN de Cedral, quise presentártelo tal cual, con la finalidad de que conozcas un poco lo que hago con los jóvenes de dicha institución y principalmente que sepas cómo quedó el proyecto original y de donde se derivó o nació la idea de adecuarlo y ajustarlo para que sea aplicable a los niños de educación básica, dicho lo anterior pasaremos a las actividades propiamente y en forma, es decir, "ahora viene lo bueno", como lo dije al principio de este capítulo; cabe mencionar que las actividades que a continuación te voy a presentar, emanan de dicho proyecto y se presentan en el mismo orden, aunque tal vez se vayan a omitir algunas o bien adecuarse al trabajo con niños de básica.

Bien, vamos adelante.

Lo primero que vemos en el proyecto anterior son los apartados correspondientes a encabezado presentación, diagnóstico, propósitos y finalmente el cronograma de actividades, que en este caso, es más bien, un orden de actividades. Vale mencionar que dichos apartados se han elaborado pensando en los jóvenes

---

del CREN, pero, para el efecto que nos ocupa, habremos de adecuarlo a nuestros niños de básica.

En otras palabras, en el punto de "presentación del taller" habremos de manejar la información que cada quien considere pertinente en función de las características de sus niños y escuelas.

Por ejemplo, si yo maestro de primaria voy a iniciar este trabajo, podría presentarlo de la siguiente manera: "Muy bien niños, vamos a iniciar una serie de actividades con las que esperamos que todos aprendamos algo de música, serán clases eminentemente prácticas en las que aprovecharemos todo lo que ustedes saben y les gusta de la música" obviamente este puede resultar ser un discurso muy simplista del proyecto, pues en la formalidad de un proyecto escrito no debiera manejarse así, pero yo solo lo pongo como una idea, de la cual espero cada cual saque la mejor, pensando en sus alumnos.

Pasando al punto del diagnóstico es posible que sería un tanto complicado decir al niño "te vamos a dar estas clases, porque antes no se te habían impartido", por supuesto que no haríamos eso, pero sí podemos plantearle la necesidad de reforzar lo que tocante a música, hemos venido realizando, ahora de una manera constante, con su clase semanal bien planeada, con propósitos claros y esperando que él mismo vea sus propios resultados sin soslayar el importantísimo hecho que **en esta clase no irán solo los que ya saben, que aquí van todos, no importa si saben o no saben, o si saben mucho o poco, aquí, entran todos.**

En fin esto solo son sugerencias que cada quien podrá adecuar a sus necesidades.

En lo que respecta a los propósitos, sí hay que precisar exactamente hacia dónde vamos y queremos que lleguen nuestros niños (y nosotros). Para el efecto, te propongo los siguientes **Propósitos generales:**

1. Que el niño comprenda y valore el papel de la música en sí mismo, en su familia, en su escuela y en su contexto.
2. Que procure desarrollar las actividades que se proponen, de tal suerte, que las disfrute y se involucre en ellas, participando con ánimo y alegría, partiendo de lo que sabe al respecto.
3. Que todo el grupo se involucre en las actividades, sin importar si saben o no. Lo importante es participar.
4. Que a través de las actividades, se logre un ambiente de amistad y cordialidad entre los participantes, incluido el profesor.

En fin, podemos incluir muchos más, sin embargo **la pretensión final será que todos nos sintamos bien, que incluyamos a todos los niños y niñas, que no pensemos en los que saben más, que estemos conscientes de que esto no es para concursar, no es para saber quién es mejor, no es para descalificar a nadie, es simple y sencillamente para hacer "algo de música" con todos nuestros niños del grupo, pues como lo inducen los planes y programas de educación básica, *no se pretende hacer especialistas*,** solo queremos iniciar a los pequeñines en la música pero de una manera sencilla, amena, alegre, que la disfruten, que les guste, que tengan ganas de recibir su clase, que no sea una "obligación" el tener que asistir.

Espero que ya con las actividades "prácticas" podamos avanzar el logro de éstos propósitos. Pero continuemos:

Etapa 1. La educación musical en la región.

Esta etapa se diseñó pensando en los jóvenes normalistas, en ella se presentan resultados de encuestas y entrevistas que no tiene caso presentarte, pero quisiera mencionarte al respecto que ellas nos dejan ver varias cosas, tales como la inquietud de los niños por recibir clases de música, por cantar, por tocar algún instrumento, por bailar, etc., actividades que de llevarse sistemáticamente, darían una vuelta notoria en nuestro quehacer docente, nos acercarían más a nuestros niños como seres humanos que piensan, sufren, sienten, cantan, ríen, lloran, etc., pues es a través del arte como podemos tocar las fibras más sensibles de los seres humanos, es a través de la expresión artística como podemos manifestar a los demás todo lo que llevamos en mente y en corazón y porque no, liberarnos de presiones y estrés, tan de moda en estos tiempos modernos.

De manera breve te presentaré algunas cuestiones que encontré en la investigación realizada para este respecto, para lo cual me acerqué a algunas escuelas primarias.

Para el efecto, me propuse investigar en algunas escuelas de la localidad, considerando prudente seleccionar un mismo número de escuelas tanto urbanas como rurales (4 de cada una), en las cuales, mediante un formato diseñado previamente, apliqué encuestas relacionadas con el gusto por la música; la respuesta no fue muy sorprendente, pues pude constatar lo que de entrada suponía: prácticamente a todos los niños les gusta la música, les gustaría cantar y les gustaría tocar algún instrumento, pero lo que sí me causó sorpresa fue que el 95% de los niños encuestados consideran que su escuela es el espacio idóneo para que les enseñen la música.

Interpretando estos resultados, me pude dar cuenta que el niño está ávido de que lo enseñen y en contraparte, el maestro no le enseña; **aquí hay una cuestión sumamente importante: la presencia del problema se hace real, palpable, evidente** y todos los calificativos que hagan alusión a lo mismo, por lo que se hace necesario actuar de manera firme pero consciente en la solución de esta situación, más adelante pondré a tu consideración las acciones mediante las cuáles pretendo contribuir a la solución de la misma.

Etapa 2. Cómo iniciar las actividades.

Esta etapa es sumamente importante, es necesario poner mucha atención en las actividades que se sugieren, de antemano te comento que son sumamente sencillas, pero implican cuidado y atención del profesor para no desvirtuarlas, aunque por supuesto pueden ser adecuadas a cada uno de nuestros contextos.

2.1 Lo que cantan los niños: Consiste en el rescate de los famosos "conocimientos previos" que al principio de este trabajo te mencioné, pero ¿cómo le vamos a hacer? Es muy sencillo, lo haremos de la manera más simple y obvia: preguntándoles, pero debemos tener ya preparadas las preguntas clave y de ahí derivar las preguntas secundarias. Te sugiero la siguiente secuencia:

a. ¿Quiénes de ustedes estuvieron en preescolar?
b. ¿La maestra los ponía a cantar y a bailar?
c. ¿Recuerdan algunas de las canciones que les ponía?
d. ¿Cuál era la que más les gustaba?
e. ¿Podrían cantar aunque sea un pedacito de ella?
f. Si no estuvieron en preescolar ¿qué canciones les cantaba mamá?
g. ¿Papá o mamá tocan algún instrumento musical? ¿Tal vez algún hermano? O tal vez ¡tú mismo!
h. ¿Alguien en casa canta?

Y así sucesivamente…

Esta secuencia no es una receta, puedes adecuarla a tus necesidades, las edades de tus niños, sus características, etc., lo importante es acercarte a lo que tus niños traen consigo, lo que saben, las experiencias previas que han tenido al respecto e ir haciéndoles saber que aunque sea poquito, "todos sabemos algo de música".

Es importantísimo que los alumnos trabajen con la música que conocen y por ende, les gusta, lo cual derivará en una mayor atención e interés de su parte.

Una vez que has obtenido las respuestas, es necesario aprovecharlas, darte cuenta tú mismo que tanto tú como tus niños han estado en el camino de las notas musicales, que es necesario rescatar todas estas experiencias para sacarlas a flote.

Lo que sigue después de esto, es llevar a la práctica algunas de las canciones que los niños te dijeron, pero aquí es muy importante acompañar dichas melodías con movimientos dinámicos que de entrada tú irás sugiriendo para dar apertura a que tus niños hagan lo mismo, de tal manera que sientan que lo que **ellos saben es tomado en cuenta y no eres tú quien "impone" la música con la que se va a trabajar.**

Es natural, ell@s proveerán la música que les gusta.

La melodía o melodías escogidas se cantarán "a capella" que significa sin ningún tipo de acompañamiento musical, ya sea pista o instrumento musical, solamente con aplausos, chasquido de dedos, movimientos corporales, etc., procurando que haya participación de todos, sin excepción.

En caso de que algún niño no desee participar es preciso no forzarlo, habrá que esperar a que se anime por sí solo.

Otro dato interesante que debes saber **es el hecho de que no debes preocuparte por si tus niños están afinados o no**. La afinación, al igual que muchas otras habilidades, se va logrando poco a poco, aunque también existe la posibilidad de que a algún niño o niña no se le dé cómo tu quisieras, pero es importante que sepas que cuando llegues a la práctica coral con todo tu grupo podrás percatarte de que por el hecho de cantar lo que a ellos les gusta y hacerlo en grupo, la afinación se dará de forma "automática" y que aquellos niños que tienen problemitas al respecto, cantando en grupo podrán superarlos, y si no es así, no te preocupes, no los estás preparando para que sean "grandes cantantes", estás sembrando en ellos una semillita que pudiese germinar con el paso del tiempo y dar hermosos frutos.

Recuerda solamente el enfoque de educación artística que nos ofrece el plan 2011 de educación básica en México y que dice así:

*"Los lenguajes artísticos que se estudian en Educación Básica permiten al alumno obtener **conocimientos y un panorama general** sobre las principales manifestaciones artísticas, (en* nuestro caso obviamente me refiero a lo concerniente a la música, aunque la educación artística en educación básica, incluye las cuatro áreas artísticas: artes visuales, expresión corporal y danza, música y teatro) *se trata de **desarrollar su sensibilidad y conciencia** con una visión estética, que aprehendan el mundo visual, sonoro, del movimiento, de la voz y los gestos, al mirar con atención, percibir los detalles, **escuchar cuidadosamente**, discriminar sonidos, identificar ambientes, reconocer **de qué manera se puede construir música,** la intención comunicativa del movimiento, de los gestos; recuperar su capacidad de asombro y de imaginación, favoreciendo encuentros reflexivos con los lenguajes del arte, así como de la comprensión de sus **relaciones con el medio social y cultural en el que viven."***

*"En su vida cotidiana los alumnos se encuentran en **contacto constante y directo con procesos creativos y artísticos***

relacionados con la cultura popular, que también se consideran formas de arte."

*"La forma de trabajo que se sugiere para seguir desarrollando la competencia artística y cultural a partir del diseño de secuencias de situaciones didácticas que provoquen **encuentros vivos, atractivos, retadores y de interés para los niños.** Por ello es importante brindarles momentos donde exploren, experimenten y tomen decisiones, utilizando herramientas didácticas que les den la sensación de bienestar y satisfacción ante el esfuerzo del trabajo realizado, cultivando su disposición para involucrarse y aceptar riesgos en acciones que les conduzcan a nuevos aprendizajes."*

Todo lo que cito anteriormente, son algunos extractos del enfoque de educación artística que nos ofrece la RIEB (Reforma Integral de Educación Básica) en su edición 2011, pongo en negritas aquellas afirmaciones o ideas que empatan con esta propuesta, empero, no es pretensión mía presentarte el enfoque en su totalidad, lo que hago es para aclarar que ni los planes y programas 1993, ni los actuales, pretenden "preparar especialistas" ni en esta y ni en ninguna asignatura, con lo que trato de justificar o blindar mi propuesta en el sentido de que no te preocupes si se presentan problemitas como el que algunos niños no puedan realizar las actividades como tú quisieras, más bien preocúpate si estas excluyéndolos porque "no pueden" o incluyéndolos "por qué saben más".

Retomando el curso de lo que nos compete, es bueno saber que el tiempo que destines a cada una de las actividades dependerá de las condiciones de tu escuela, refiriéndome específicamente al hecho de que esta propuesta requiere un avance sistemático y bien planeado, es decir disponer al menos de las horas que te permite el programa y que son dos por semana. Para esta primera actividad, en lo personal considero suficiente una sesión de dos horas o dos de una, como tú lo consideres más prudente, o bien valóralo tú mismo, si una hora te basta, ¡adelante!

2.2 Cantos y movimientos: Esta actividad es muy motivante y agradable y además sumamente sencilla, que me atrevería a decir que quien imparte música en el aula de básica, la realiza.

Consiste en hacer lo mismo que la actividad anterior pero con apoyo de algún instrumento musical, si sabes tocarlo y si no, con el apoyo de una buena grabadora (que como lo menciono en el capítulo de serias recomendaciones, debe funcionar correctamente)

La diferencia sustancial con esta propuesta estriba en uno de los principios fundamentales de la misma: **que el alumno decida con qué música desea trabajar** y para el efecto haremos lo siguiente:

Obviamente preguntaremos qué música les gusta, además con qué canción o canciones de la actualidad les gustaría que se trabajase; sobrarían opiniones, pero en esta ocasión podemos hacer lo siguiente: pedirlo por escrito, una vez que tengamos la información procederíamos a hacer una selección que puede ser mediante votación o bien la canción que resulte más popular entre los gustos de los niños y por supuesto debemos tener varias opciones para trabajar.

Para la realización de esta actividad, es necesario que los niños lleven sus discos, es decir su música para trabajar y por el simple y sencillo hecho de que ellos proporcionarán la música, te dará grandes facilidades y atención del grupo, por supuesto que se darán los murmullos y las pláticas entre ellos, que deberás saber canalizar, una vez que le das "play" al CD.

Ahora bien, ¿cómo empezaríamos?, es necesario que inicies tú, dando la muestra, una actividad sugerida es la siguiente: procura seleccionar, en acuerdo con tu grupo, alguna canción rítmica, una cumbia o una canción "movida" y de entrada inicia así: "Sentados todos en un círculo a lo ancho del salón..."

1. Aplaudiendo todos al ritmo de la música.
2. Aplausos y luego chasquidos de dedos.
3. Aplausos, chasquidos, golpeando los muslos.
4. Aplausos, chasquidos, golpeando los muslos, golpeando el suelo con los pies.

Y así sucesivamente; recuerda que de inicio tú marcas la pauta, pero ve pidiendo a tus niños que vayan sugiriendo movimientos también ellos, recuérdales que es la música que ellos seleccionaron.

Recuerda que debes involucrarte directamente en las actividades y de inicio, proponer tú los movimientos.

Esta actividad es sumamente agradable para los niños y para uno mismo como docente, pero es necesario ir modificando los movimientos que realices al ritmo de la música y de preferencia, en la medida de lo posible, **procura llevar algunos diseñados previamente,** porque por experiencia te comento que en ocasiones se nos acaba el repertorio de movimientos corporales y podemos caer una actividad repetitiva y por ende, tediosa, aunque no necesariamente infructuosa, pero es necesario planear de la manera más consiente posible para que los movimientos propuestos sean lo más variados posibles, inclusive *puedes hacerlo fuera del salón (*).*Recuerda, ten a la mano un buen repertorio de movimientos de parte tuya y por supuesto motiva a tus niños a que ellos propongan los propios. Aquí quisiera comentarte algo que durante la experimentación de las actividades me sucedió: cuando pedí a los jóvenes normalistas que propusieran algunos movimientos rítmicos al compás de la música, no resultó como yo lo esperaba, "les daba pena", no querían hacerlo, se resistían, en fin, no resultó tal cual yo hubiese querido, lo que hice al respecto, para la próxima ocasión, fue preparar un buen repertorio de movimientos, lo que me dio más seguridad en lo subsecuente.

Esta situación sucedió solo al inicio, fue desvaneciéndose conforme avanzamos en el proyecto, espero que no te suceda con tus niños y si llega a presentarse, afróntalo con gusto y alegría, como un pequeño reto, no como un gran problema.

Otra cuestión sumamente importante en esta actividad, es que la practiques hasta que los movimientos realizados sean lo más uniformes posibles, sin caer en una "precisión coreográfica", se trata solamente que el ritmo vaya integrándose a los esquemas mentales de los niños, pero si no es así, no te preocupes, te recuerdo que *"no estás preparando especialistas,"* conforme pase el tiempo el ritmo se irá uniformando, te recuerdo que **las actividades diseñadas, deben irse practicando sistemáticamente, no se trata de que las hagas una sola vez y pienses que ya es suficiente,** es decir cuando llegue una nueva actividad, retoma lo visto anteriormente, retroaliméntalo o bien prográmalas sistemáticamente en tu plan anual de actividades de modo que se sigan practicando a lo largo del año escolar.

2.3 Trabajo extramuros: Tocante a este punto, creo que ya lo expliqué en el párrafo anterior: (*): *"Puedes hacerlo fuera del salón"*, obviamente, solo te recomendaría que busques un lugar en el que no interfieras a los demás grupos, porque estas actividades son sumamente "contagiosas" y de que van a distraer a los otros grupos, los van a distraer.

2.4 Cantos, movimientos y música: Esta actividad, sigue teniendo la misma tónica, es sumamente sencilla, porque en ella solo conjugas todo lo anterior, pero debidamente planeado, debemos avanzar sistemáticamente, saber qué es lo que vamos haciendo, de tal suerte que sepas con certeza lo que vamos desarrollando. En otras palabras, comienzas a plantear el abordaje de las actividades con libertad, gusto y alegría.

Aquí lo que haremos será cantar, aplaudir, bailar y movernos, siguiendo los patrones rítmicos que vayamos proponiendo, como lo planteamos en párrafo anterior; solo que aquí, agregamos algo que de hecho se da inherentemente en estas actividades: **cantar,** y digo inherentemente, porque desde que escuchemos las canciones seleccionadas, los alumnos empezarán a cantarlas, y será inevitable que lo hagan, por lo que irás percibiendo lo que metafóricamente llamé "la llave mágica".

A estas alturas el grupo deberá ir percibiendo, sintiendo y conviviendo en una dinámica de gusto y alegría, pero a sabiendas de que están "trabajando" y lo pongo entre comillas porque no obstante para ti maestro (a), es trabajo, para ellos será un placer, por qué, no sé si compartas conmigo esta frase, que en algún momento de mi vida profesional dije a mis alumnos normalistas: *"La educación no tiene por qué ser aburrida"*

El 2.5 será una de las actividades que habrá de omitirse, en virtud de que el trabajo que ahí se desarrolla, fue realizado con los jóvenes de la institución para la cual laboro y que básicamente consistió en recolectar las experiencias de ellos en los aspectos que hasta este momento hemos manejado.

Etapa 3. Juguemos con la música.

3.1 El placer de escuchar: La fiesta. La audición. Al igual que las otras actividades, ésta sigue siendo muy sencilla, el propósito principal consiste en provocar que los niños aprendan a escuchar, aunque sea, de manera incipiente.

¿Cómo? Ahora lo verás:

Primeramente dile a tu grupo que habrá una fiesta en el salón, una fiesta común y corriente, sin ningún motivo aparente, organízalos, compartan el almuerzo, lleven agua, refrescos, atole, etc., en fin, organiza un convivio con tu grupo, pero **considera algo que debe ser imprescindible: tu equipo de sonido** o bien una buena grabadora, se trata de que el sonido envuelva el local de la fiesta, para este efecto, tú llevaras la música, obviamente considerando lo que gusta a los niños, es posible que no cubras todos sus gustos, pero no te preocupes; claro que tampoco inclines la balanza hacia tu lado, o sea no lleves solo música de tu gusto. Considera también la posibilidad de que algunos de tus niños provean algo de música para la mencionada fiesta.

Una vez que tengas lo necesario para la fiesta, llévala a cabo, pon la música, diviértanse, coman, permite que canten, que platiquen, que bailen si quieren, en fin, "que se la pasen bien", solo pon un límite de tiempo a esto, que pudiese ser la mitad de la sesión clase, es decir alrededor de una hora, minutos más, minutos menos.

Hasta el momento no digas nada de lo que pretendes hacer, los niños solo sabrán que es una actividad de su clase de música y que al término de la misma habrá otra pequeña actividad.

Una vez que lleguen a lo que pudiese ser el final de la fiesta, invita a tus niños a pasar a su lugar y continúa con lo siguiente:

Valiéndote de alguna pequeña estrategia, exhorta al grupo a poner atención y hazles preguntas como:

¿Qué tipo de música escuchamos?

¿Cuántas canciones se tocaron?

¿Qué ritmos musicales eran?

¿Qué artistas las interpretan?

¿De qué hablaban las canciones que se escucharon?

¿Qué personajes participan en las diferentes canciones?

En fin, puedes plantear las preguntas que consideres pertinentes a fin de demostrar a los niños que, generalmente, en una fiesta **no escuchamos, solo oímos;** estableciendo la diferencia, para efectos de este trabajo, de ambos términos: **oír** lo entenderemos como estar en el camino de los sonidos, ya sea música, ruido, murmullos, naturaleza, etc., sin poner atención a la fuente sonora y por el contrario **escuchar,** sería casi lo mismo con la diferencia de que aquí sí se atiende la fuente sonora: qué es, de dónde proviene, cómo es, etc., es decir "posamos" nuestro oído en la fuente sonora y aquí reside lo importante de este apartado, provocar que el niño empiece a escuchar.

Una vez que hemos comprendido estos términos, ya en otra sintonía, y no la de la fiesta, nos avocaremos a escuchar alguna o algunas piezas musicales que durante la fiesta oímos, mas no escuchamos.

Para el efecto, haremos lo siguiente:

Ubicaremos cómodamente a nuestros niños en el aula de trabajo, mediante alguna estrategia seleccionaremos una o dos canciones de las que se tocaron durante la fiesta, (quisiera resaltar que en la investigación que realicé para el efecto, la música que se escucha más comúnmente por nuestros alumnos, es música vocal, es decir música que lleva letra o texto, la música instrumental ocupa un lugar mucho menos preponderante) las cuales serán con toda seguridad, canciones populares con algún tipo de texto.

Ahora nos daremos a la tarea de "escucharlas" o sea, "posar nuestro oído en la fuente sonora"; ahora sí vendrán opiniones más pensadas: el nombre de la canción, el grupo o intérprete, el tipo de música que piensen los niños que es, incluso los instrumentos que intervienen en su ejecución, hasta aquí, todo avanza normalmente, solo agregaremos una serie de preguntas para ubicar a los niños en una escucha más activa:

Además de las cuestiones que se explican en el párrafo anterior incluiremos preguntas como:

En torno al personaje: *"El personaje del que nos habla la canción (no el intérprete que la canta) que estamos escuchando..."*

¿Es hombre o mujer?

¿Por qué crees que es hombre?

¿Por qué crees que es mujer?

¿Esta solo(a)?

¿Por qué crees que está solo?

¿Por qué crees que no está solo?

¿Es joven o viejo?

¿Cómo sabes que es joven?

¿Cómo sabes que es viejo?

¿Qué te dice la canción para dar éstas respuestas?

Según el texto de la canción y el contexto que nos describe, podríamos preguntar:

¿En dónde está?

¿Por qué crees que está en "ese" lugar?

¿Es un pueblo o una ciudad?

¿Por qué una cosa u otra?

En torno al mensaje que se maneja en el texto de la canción:

¿A quién le está hablando? (o cantando)

¿De qué le está hablando?

¿Por qué le está diciendo lo que le está diciendo?

¿Qué quiere decir con eso?

¿Involucra a los que escuchan también?

¿Se está hablando a sí mismo?

¿Involucra a algún otro personaje?

En fin, como te has dado cuenta, pueden surgir infinidad de preguntas muy simples y de respuesta sencilla, aunque en ocasiones no muy obvias, pues has de saber que hay canciones que no especifican con claridad si es un hombre o una mujer el personaje que llevan implícito y que bien puede ser el uno o la otra.

Sin embargo, es menester saber que toda canción vocal lleva un personaje y un mensaje que quiere transmitir a sus escuchas y que no debemos confundirlo con "el intérprete" ya que son dos personajes muy distintos. Es necesario adentrar a los alumnos en el personaje que lleva implícito el tema o canción en sí, no en el cantante.

No obstante, en ocasiones resulta difícil separar estas dos figuras, por ejemplo, la famosa canción del compositor guanajuatense José Alfredo Jiménez, El Rey, describe un personaje que bien puede ser el intérprete o bien puede ser el escucha.

Finalmente te darás cuenta de que la actividad fue fructífera, en virtud de los niños comienzan a hacer conjeturas, a imaginar, a crear, a describir, a suponer en torno a lo que escucharon y vierten opiniones sobre otras canciones que han escuchado considerando que algunas llevan "malos mensajes", mensajes ofensivos, mensajes "bonitos", agradables, simples, algunas no llevan mensajes claros, en fin, la cuestión es que se han iniciado en una escucha activa a la que yo he llamado "El placer de escuchar" y que como seguimiento de esta actividad pidas a tus niños que escuchen en casa algunas canciones "posando su oído en ellas" para que descubran lo que éstas quieren decir.

Una cuestión más ambiciosa será que este tipo de escucha, se integre a los esquemas mentales de tus alumnos y que se desarrolle paulatinamente en ellos de tal suerte que en verdad vayamos contribuyendo al desarrollo de la misma, para lo que te sugiero que en la planeación que elabores incluyas **recurrentemente** esta actividad, de tal suerte que la escucha en tus alumnos sea una cuestión inherente a ellos.

3.2 El placer de cantar: Cómo escoger la música.

Esta actividad, en lo personal, me parece una de las más agradables, aunque sigue siendo sumamente sencilla.

Para el efecto, es necesario retomar las serias recomendaciones que se te hacen en el capítulo correspondiente, específicamente en lo referente al equipo de sonido que necesitas. De ser posible utiliza el llamado "karaoke", pero si no cuentas con él puedes echar mano de tu equipo multimedia, siempre y cuando reproduzca este tipo de formato. Si esto tampoco es posible, una vez que haz seleccionado, en acuerdo con tu grupo, la o las melodías a trabajar, no te queda otra que escribirlas "en grande" en hojas de papel bond, cuadriculadas para que no te vayas "chueco" y trabajarlas así, solo siguiendo la escritura de la canción.

En lo tocante a cómo seleccionar la música, simplemente remítete a la página 18 de este libro en dónde se explicita aquello de "la llave mágica" y no tendrás problema en esta cuestión.

Una vez que ya tengas los elementos técnicos y/o tecnológicos necesarios y que las canciones a cantar se han seleccionado en acuerdo con el grupo, solo dale "play" a tu equipo de sonido y permite que tus niños canten lo que les gusta, déjalos que se diviertan, repite la o las canciones las veces que ellos quieran, pero eso sí, exhorta a que canten todos, no te preocupes si están o no afinados, si se la saben o no, para eso tienen el texto en karaoke o en papel bond.

En este apartado, quisiera recordarte el hecho de que cantando en grupo, la afinación tiende a acomodarse de manera "automática", es decir, los niños que presentan cierta desafinación, tienden a afinarse al escuchar a los demás y no ocurre lo contrario porque se están apoyando con una fuente sonora afinada, en este caso una grabación profesional.

Lamentablemente, ésta es una de las cuestiones más delicadas en las escuelas de educación básica (específicamente primaria y secundaria) en virtud de que es en este "rasgo" en donde comienzan las descalificaciones de niños y niñas *"porque están desafinados"* y *"no sirven para el concurso"* y por consiguiente no aportan mucho para *"hacer un buen papel"* en los eventos en los que habrá de participar su escuela.

A título personal, quisiera aprovechar este trabajo para manifestar que mi propuesta no va a favor de preparar niños con un alto nivel de ejecución musical o niños *"que pongan muy alto el nombre de su escuela"*, más bien es para niños sensibles, alegres, que les guste la música aunque no sepan nada y que deseen manifestar sus emociones y estados de ánimo de una manera sencilla y accesible; en fin, se pueden decir tantas cosas al respecto, pero lamentablemente la Secretaría de Educación Pública, si bien es cierto promueve la educación musical en sus planes y programas, en este caso 2011, de manera democrática e imparcial, con el simple, sencillo y muy arraigado hecho de promover los tan socorridos concursos de interpretación del Himno Nacional Mexicano y de la Canción Mexicana, entre otros, crea esa barrera invisible que aniquila el afán de todos las niñas y niños que no tienen la capacidad o en la actualidad, "las competencias" necesarias para hacer un buen papel en dichos eventos y por consiguiente, nunca pisarán esos escenarios. Aunque suene fuerte esta afirmación, no deja de ser una realidad y reitero, se trata de una concepción muy personal.

Retomando lo que es en sí la actividad, puedes darte cuenta que es sumamente simple, que incluso tal vez lo manejes en tu clase de música y que no ofrece ninguna dificultad para su realización. Tal vez necesites algunos requerimientos técnicos, pero nada del otro mundo.

Para cerrar esta actividad se precisa hacerte saber que debes programarla recurrentemente a lo largo de tu año escolar de tal modo que vayan recorriendo un repertorio musical lo más variado posible.

Podrías preguntarte *"Bueno... ¿y qué hay con la música instrumental?"*, la respuesta es simple, haremos exactamente lo mismo, pero ahora no podemos evocar al o los personajes de la pieza que estamos escuchando, en este caso las preguntas las centraríamos en emociones, sensaciones, evocación de lugares imaginarios, situaciones ficticias, etc., en fin todo aquello que promueva la imaginación y creatividad de los niños, aunque te diré que aunque no puede ni debe ser excluida la escucha de música instrumental en esta actividad, **nuestros niños de básica, poco la escuchan**, por lo que lejos de eliminarla, conviene ir considerando la posibilidad de su implementación en nuestro plan de trabajo y poder presentar una nueva alternativa de escucha musical, porque *"lo malo no es que escuchen tal o* *cual tipo de música, lo malo reside en que crean o sientan que es la única que hay".*

Otra pregunta que puede surgir y que seguramente así será, es el hecho de qué o cómo abordar todo esto con niños de preescolar; la respuesta puede llevar diversas situaciones, entre las que seguramente surgirá, es el hecho de que los párvulos, aun no saben leer o tal vez algunos lean solo un poco, para lo cual considero lo siguiente: En este caso, tal vez no será posible seguir el texto del formato karaoke, para lo que te sugiero, indagar las canciones que gustan a los niños y simple y sencillamente, seguirlas sobre el texto, es decir cantarlas sobre la voz del cantante que escuchan.

Para las actividades rítmicas, las maestras de preescolar poseen una amplia experiencia en lo relativo a manejar dinámicas con los cantos que usualmente ellas trabajan, la única sugerencia, será el común denominador de este trabajo: que los párvulos elijan la música con la que quieren trabajar.

3.3 El placer de tocar.

En este apartado surgen cosas sumamente interesantes e igualmente sencillas, se hace necesario que tus alumnos busquen en sus "cachivaches" cualquier instrumento musical que puedan tocar, pero sí quisiera especificar que me refiero a **instrumentos de percusión,** es decir todos aquellos que se golpean para producir el sonido, obviamente se puede pensar en guitarras, flautas, teclados, en fin, cualquier instrumento que se tenga en casa, sin embargo esta propuesta se inclina por los instrumentos que de hago mención, por una razón muy fuerte: **no requieren ninguna técnica especial para su ejecución**, en otras palabras, no es necesario saber cómo se tocan, pues sencillamente, iremos siguiendo el ritmo de la música con los instrumentos que tengamos, recuerda que "**ni estamos preparando especialistas**", ni la escuelas primarias son "**escuelas de música**" como ya se menciona en momentos anteriores de este trabajo.

Ahora bien, ¿cómo abordar esto?, la metodología es muy sencilla: Primeramente invita a tus alumnos a buscar en casa instrumentos como panderos, sonajas, maracas, cencerros, etc., que sean invariablemente de percusión; esta actividad la vas a vincular a la anterior (el placer de cantar), posiblemente no todos tus alumnos traerán instrumento, pero no te preocupes, porque aquí haremos (más bien, harás) lo siguiente: a estas alturas ya tienes seleccionadas algunas canciones con tus niños, con los instrumentos que cuentes, solo diles que sigan el ritmo que están escuchando, lo cual es muy sencillo: recuerda que cuando escuchas alguna canción rítmica, mueves el pie "**al ritmo de la música**", esto en terminología musical se llama "tiempo" y es esa propiedad que nos permite bailar, aplaudir y llevar el ritmo de la música, "sentir el ritmo musical" en otras palabras.

Puede resultar sumamente sencillo y tedioso todo esto, sin embargo es importante que si inicias con un golpe por tiempo, te des confianza y des dos por tiempo y luego los combines: uno-dos-uno-dos pero que sientas la libertad de experimentar y combinar diferentes valores de sonidos.

A continuación te propongo algunos modelos o patrones rítmicos sencillos:

Pon a sonar tu grabadora o equipo de sonido con alguna canción rítmica que tengas por ahí seleccionada y mueve el pie "al ritmo de la música", esquemáticamente tendrías esto:

1	2	3	4	Sería el tiempo musical de la canción que tienes
ta	ta	ta	ta	El golpeteo del pie
ta-a	ta-a	ta-a	ta-a	Lectura de este sonido (alargando un poco la a, pero sin salir del ritmo del pie)
ta-a	ta-ta	ta-a	ta-ta	1ª. Combinación (1-2-1-2) golpes
ta-ta	ta-ta	ta-ta	ta-ta	2ª. Combinación (2-2-2-2) golpes

No es intención dar una clase formal de música, la cuestión es darte una idea de cómo "tocar" con los instrumentos que lleven los niños; análogamente lo que haces en 1ª. y 2ª. combinación es lo que harían los niños con los instrumentos que lleven.

Naturalmente puedes diseñar tus propios patrones rítmicos, para que tus niños los ejecuten a su vez. Ahora si tienes algún conocimiento específico al respecto, esto te resultará sumamente sencillo, de lo contrario, con que logres que tus niños lleven el tiempo musical con sus instrumentos, estará magnífico. No olvides que todos sabemos algo de música y puedes estar seguro que tus niños ofrecerán nuevas alternativas rítmicas.

De no contar con instrumentos de percusión, las manos y pies los suplen perfectamente.

En lo tocante a la elaboración de instrumentos musicales de percusión, primeramente se trata de rescatar los que los alumnos tienen en casa, posteriormente sería la elaboración de ellos con materiales de desecho, resaltando que no es necesario que los compren. Te daré algunos ejemplos: cualquier bote de aluminio puede servir, solo ponle algo de arroz y tápalo, pero debes saber que no debes llenarlo, irás agregando el arroz conforme vaya "sonando" y buscarás la mejor sonoridad; puedes hacer lo mismo con los tubos de papas "Pringles". Puedes crear cencerros con objetos de algún metal que suene bien; puedes también trabajar con botellas de vidrio e ir llenándolas de agua, e igualmente que el arroz, buscando la mejor sonoridad, solo te recomiendo mucho cuidado con los objetos de vidrio, pues de caer y romperse podrían causar algún daño a tus niños o a ti mismo.

Etapa 4. Estudiemos la música.

Esta parte del trabajo conlleva una fuerte interrelación con el trabajo que se da en educación básica, en el sentido de que frecuentemente se capacita a los profesores en este rubro: se imparten cursos de "dirección coral", se dan talleres de enseñanza musical y artística, se dan cursos para el trabajo del Himno Nacional, en fin, desde la óptica oficial, existe la necesidad de cubrir estos espacios de manera lo más objetiva y profunda posible.

En virtud de la preocupación de las autoridades educativas por fomentar el amor a los símbolos patrios, siendo el Himno Nacional Mexicano en conjunto con el Escudo y la Bandera Nacionales, nuestros íconos de identidad nacional, este trabajo no podría quedarse al margen: quedando como recomendación principal para los incisos 4.4 y 4.5, trabajar nuestro Himno Nacional, como hasta la fecha los has hecho y desde mi perspectiva, practícalo con **todos tus niños, no excluyas a ninguno,** practícalo con el disco que tal vez se te ha proporcionado, pero te recomiendo que utilices primero la versión vocal, preferentemente la que viene con coro de niños, insiste mucho en esta modalidad y de vez en cuando, utiliza la versión "sin voz", para que puedas monitorear el avance de tus niños; pero recuerda y no olvides que con este trabajo, no estás preparando a tus niños para "el concurso" solamente estás fomentando el amor patrio hacia este hermoso símbolo nacional.

Aquí resulta curioso resaltar algo: sin temor a equivocarme, ni el plan 84, ni el 97 y quizá ni el 2011 de normales, (a la fecha de la elaboración de este trabajo, aún no se contaba con el programa correspondiente de educación artística) incluyen el estudio del Himno Nacional, cosa sumamente curiosa porque en este rubro es imprescindible el abordaje que debería hacer todo profesor de básica y no obstante no cuenta con tal, motivo por el cual considero, queda justificado todo el trabajo que se realiza en las diferentes capacitaciones de educación artística que frecuentemente reciben los profesores de educación básica. Bueno, no pretendo hacer ninguna crítica al respecto, resalto este punto porque en la investigación realizada para la elaboración de este trabajo, encontré ese "pequeño detalle" el cual considero lo suficientemente importante como para ser trabajado de manera consciente y sustentada.

El resto de componentes de esta etapa son:

1. Cómo emitir la voz. Ejercicios de respiración.
2. Ejercicios de vocalización.
3. Vocalización en primaria

Los abordaremos en este trabajo de manera somera, en virtud de que existe un cierto acercamiento del magisterio hacia éstas temáticas y que si eres un poco observador, aunque requieren e implican un conocimiento un poco más "especializado" los abordaremos de la manera que se indica anteriormente.

En estos rubros, que manejaremos simultáneamente, te proporcionaré algunos elementos que tal vez ya los habrás manejado con tus niños a raíz de los cursos que frecuentemente recibe el magisterio al respecto; trataré de ser lo más objetivo posible pero no estaré exento de algunas situaciones imaginarias o metafóricas.

Se dice que la voz se "saca desde adentro" pero ¿qué es éste término? Sencillamente es la correcta emisión de la voz, evitando que ésta se vea afectada o modificada por la garganta. Para este efecto te recomendaré un ejercicio muy sencillo: proporciona un popote común y corriente a cada uno de tus niños, diles que soplen lentamente a través del mismo hasta que ya no puedan, la reacción no se hará esperar, se van a quedar sin aire, pero experimentarán cómo "la panza se pone dura", pues esta es la sensación que debe experimentarse al cantar; obviamente este es un caso extremo, en la realidad ningún cantante se queda sin aire cuando está cantando, ni la panza se le pone tan dura.

Lo que trato de explicarte es que sepas, someramente, qué se siente al estar cantando, para que tus niños lo experimenten también y puedan, en la medida de lo posible emitir la voz de la manera más correcta posible.

Otro principio básico para cantar es el siguiente: consiste en emitir la voz con el principio que te presenté con anterioridad pero *imaginando que ésta sale del centro de nuestro pecho,* de lo que medicamente conocemos como esternón. Podemos iniciar con boca cerrada pronunciando la letra "m" o sea "mmmmmm", para que después de varias repeticiones pases a pronunciar las vocales: ahhhhhhh, ehhhhhhh. ihhhhhhhh, ohhhhhhh uhhhhhhh.

Es importante hacerte saber, que no debes olvidar los principios que estamos planteando, pero también pensar que ni somos cantantes profesionales, ni nuestros alumnos lo son, aunque tampoco estoy diciendo que no puedan llegar a serlo.

Para apoyar los ejercicios de vocalización que vayas a realizar, puedes echar mano del material de audio, que tal vez como profesor de educación básica, se te haya proporcionado, (específicamente *"Cantemos juntos"* que aborda la práctica coral y *Disfruta y aprende: música para la escuela primaria*) rescatando lo que a ejercicios de vocalización se refiere, de no tenerlo puedes, hacerlo "a capella" la cuestión es que tus niños vayan adiestrándose en una emisión de voz lo mejor posible.

Finalmente te diré que técnicamente la respiración al cantar debiera ser por la nariz, sin embargo, ya en la práctica, se hace por la boca. Se recomienda por la nariz para evitar la entrada del aire completamente frío al organismo y que pudiese producir algún inconveniente de salud. En lo personal, en mis prácticas de canto, utilizo ambas respiraciones, más frecuentemente por la boca, pero para tus niños te recomiendo que respiren por la nariz.

De antemano entiendo que estos consejos pueden ser demasiado simples y que en cierto momento no empaten con los que hayas recibido en las diferentes actualizaciones o cursos que pudieses haber recibido al respecto, sin embargo, confío en que tanto los cursos que te hayan impartido y lo que yo te planteo someramente, puedan ayudarte en esta situación.

Etapa 5. Pongamos todo en práctica.

Bien, finalmente estamos llegando a tierra firme, es hora de ver qué hemos aprendido, recordando que no somos ningunos especialistas en música, se trata de ver si hemos contribuido a la formación artística de nuestros alumnos y también de nosotros mismos.

En esta etapa habremos de conjuntar todo lo que hemos realizado a lo largo de este proyecto, procurando vincular entre sí las diferentes actividades, en la medida de lo posible, por supuesto.

Por principio de cuentas es necesario que hagas una retroalimentación de las diferentes actividades que realizaron tú y tus alumnos a lo largo del año, semestre, ó bimestre, según el tiempo que hayas destinado a este trabajo y en conjunto con ellos diseñen lo que sería una "muestra" que inicialmente será para ustedes mismos, sin público, sería como un ensayo para lo que posteriormente llamaremos "muestra de taller de música" y en la que sí tendrían espectadores; se trata de que den un orden lógico y secuencial a las actividades realizadas y hagan una pequeña demostración para que inviten a los demás grupos de la escuela, incluso pueden invitar a personas de la comunidad, padres de familia, etc., la idea es que los demás vean lo que han realizado; para esta actividad te voy a sugerir una estructura sencilla que obviamente tu puedes ajustar a tus necesidades y requerimientos:

1°. Retoma el orden secuencial de las actividades realizadas, el cuál viene determinado en las 42 a 44 de este trabajo, específicamente ve a las etapas 2 y 3.

2º. Determina el lugar en el que presentarás tu muestra y arréglalo lo mejor posible, recuerda el capítulo de "Serias recomendaciones"

3º. Procura "apachurrar" cada actividad de modo que en pocas palabras y pocas acciones des al público una "probadita" de lo que realizaste con tus niños y niñas, por ejemplo: en los apartados concernientes a "Lo que cantan los niños" y "cantos y movimientos" procura manejar un ejemplo sencillo de los que manejaste con tu grupo, invita al público a que lo canten, que aplaudan al ritmo de la música, etc., se trata de que provoques un ambiente de interacción y de relax.

Posteriormente, echando mano de tu equipo de sonido, dale "play" al disco e invita a que todo mundo cante la canción, que aplaudan al ritmo de la música para que se genere un ambiente agradable. (recuerda que puedes utilizar el sistema karaoke, que te facilitará las cosas sobremanera)

Después de esto, echa mano de los instrumentos que se fabricaron y que todo el mundo toque y cante a la vez; a estas alturas debes tener un buen ambiente en la muestra que organizaste, por lo que es preciso que pases al escenario a tus alumnos con los que trabajaste y hagas lo mismo que acabas de hacer con el público para que ahora éstos sean participantes y no solo espectadores y puedan percibir en su justa dimensión el esfuerzo realizado.

Recuerda que no siempre salen las cosas como uno quiere, pero se consciente de no llevamos ningún grado de especialización.

Desde tu experiencia docente puedes determinar el hacer o no la muestra, lo que si te recomiendo y que no pases por alto es lo que te dice el encabezado de ésta etapa: "Pongamos todo en práctica" puesto que en esta parte del proyecto se conjugan todas las actividades que realizaste y es donde podrás monitorear que tanto lograste los propósitos que te propusiste en un principio y si tus niños también los lograron.

Para terminar con este capítulo te presentaré como viene quedando el **proyecto y la estructura curricular propuesta** para aplicarse con tu grupo (por supuesto puedes incluir actividades de tu propia autoría) naturalmente te presento un orden sugerido, al que puedes hacerle los ajustes necesarios atendiendo tus necesidades, las de tus alumnos y por supuesto, las de tu escuela o institución:

ACTIVIDADES
• Presentación del taller
• Etapa 1. La educación Musical en la región

- Etapa 2. CÓMO INICIAR LAS ACTIVIDADES.

a. Lo que cantan los niños.

b. Cantos y movimientos.

c. Trabajo extramuros.

d. Cantos, movimientos y música.

Etapa 3.JUGUEMOS CON LA MÚSICA

a. El placer de escuchar: La fiesta y La audición.

b. El placer de cantar: Cómo escoger la música.

c. El placer de tocar: Elaboración de instrumentos musicales de percusión.

ETAPA 4. ESTUDIEMOS LA MÚSICA

a. Cómo emitir la voz. Ejercicios de respiración.

b. Ejercicios de vocalización.

c. Vocalización en primaria

d. El Himno Nacional Mexicano.

e. Elementos básicos para practicarlo y dirigirlo.

ETAPA 5. PONGAMOS TODO EN PRÁCTICA

a. Conjugación de todo lo estudiado a lo largo del taller partiendo del apoyo de todos losalumnos del grupo.
b. Preparación de la muestra del taller.

Con este esquema curricular ya puedes programar y planear tus actividades conforme lo consideres prudente, se encuentran en un orden sugerido, que puede ser susceptible de ajustes, como te lo menciono con anterioridad, lo que si te recomiendo es que no olvides el capítulo de *serias recomendaciones* para tener presentes los requerimientos técnicos que te harán falta.

Es sumamente importante que a la hora de programar tus actividades, busques un orden secuencial, de tal manera que puedas distribuirlos a lo largo del tiempo del que vayas a disponer, te comento esto porque también debes abordar las otras áreas artísticas: danza, teatro y plástica y consiguientemente, si haces una distribución equitativa de cada disciplina, a esta actividad le corresponderá el 25 % del tiempo disponible en el año escolar, es decir 10 semanas, para ser exacto.

Ojalá que todo lo que planteo en este trabajo, haya sido lo suficientemente claro para ser entendido y lo suficientemente accesible para ser aplicado.

CAPÍTULO 6

Y PARA TERMINAR...

Todo inicio tiene un final, en esta ocasión estamos por llegar al término de este trabajo, naturalmente para mí, es difícil saber qué impresiones tienes tú, como docente de educación básica, de todo lo que expongo, sin embargo quisiera agregar algunas consideraciones finales a este respecto.

Por principio de cuentas, darte a ti, maestro o maestra, mi más sincero agradecimiento por haber recorrido este humilde trabajo, cuya intención es ofrecerte algunas estrategias didácticas para la enseñanza de la música en el aula de educación básica y que en un momento dado pudieran facilitarte el trabajo docente, de tal manera que haciendo equipo, pudiésemos paliar en la medida de lo posible los grandes problemas que ha sufrido la educación en México.

Por otra parte, consciente estoy de que humanamente, no hay nada perfecto y que este trabajo obviamente tampoco lo es, por lo que estaré en la mejor disposición de aceptar tus críticas y sugerencias que pudiesen, en cierto modo, mejorar el contenido del mismo.

Agradeceré tus comentarios al correo electrónico: sinsaberdemusica@hotmail.com y mediante el cual podremos intercambiar opiniones al respecto así como en Facebook en: www.Facebook/Sin Saber de Música.

En lo que respecta a la frase que aparece en la portada:

"Hay cosas tan pequeñas y tan, pero tan insignificantes, que nunca se nos ocurren",

Quisiera hacerte saber que es una frase de mi propia inspiración, cuya intención es provocar la reflexión en torno a todo aquello que se nos ocurre en nuestro quehacer docente y que a veces por pequeño e insignificante que es, no lo tomamos en cuenta, sin pensar que puede ser el motor generador de una nueva propuesta, como resultó en esta ocasión. Pueden ser cosas demasiado simples e insignificantes y para muchas personas, carentes de sentido y utilidad, pero como dicen los niños:

"Sí, pero yo lo dije primeeero" o bien

"A mí se me ocurrió primeeero"

pues mi recomendación va en el sentido de que **las escribas,** pues si bien es cierto que en México existe una gran preocupación por **hacernos lectores,** también debiera existir la preocupación de **formarnos como escritores,** en virtud de que si tanto insistimos en que nuestros alumnos y nosotros mismos seamos buenos lectores, también es cierto que debiéramos insistir en acercarnos, tanto alumnos como maestros, a la palabra escrita, de tal manera que sepamos comunicar nuestras ideas e inquietudes de forma oral y escrita.

Por otra parte, existen numerosas propuestas y actividades en los planes y programas actuales (RIEB 2011 México) para la lectura y escritura de los alumnos de básica, sin embargo, muy en lo personal, considero importantísimo que los maestros y maestras de este nivel (y de todos los niveles) debamos **ser también buenos escritores:** que se atrevan, que se equivoquen, que busquen, que inventen y que la "rieguen", **pero que escriban** y consiguientemente, que compartan todas sus producciones con sus alumnos y alumnas, así como sus colegas, de tal manera que todos pongamos *"un granito de arena"* en nuestro sistema educativo nacional o en el que nos desenvolvamos, pero que lo pongamos de verdad:

QUE SE VEA, QUE SE TOQUE, QUE SE SIENTA.

AGRADECIMIENTOS

Reitero mi más sincero y afectuoso agradecimiento a todas las personas que de una u otra forma contribuyeron en la realización de este trabajo, que espero no sea el único, especialmente a mi familia, mi mamá, mi abuela (q.e.p.d.), y a los compañeros maestros de los diferentes niveles educativos, que me hicieron el honor de leer previamente éste trabajo y que contribuyeron con sus opiniones a mejorarlo, desde el contenido hasta la ortografía:

PREESCOLAR:

Profa. Alma Rosa Sánchez Rodríguez

PRIMARIA:

Prof. Juan José Juárez Serrato

Profa. Rosa Imelda Puente Torres

SECUNDARIA:

Mtro. Juan Francisco Hinojosa Martínez.

TELESECUNDARIA:

Mtra. Ma. Victoria Orta Faz

NORMAL:

Mtro. Juan Antonio Coronado Faz

Mtro. Juan Manuel Rodríguez Tello

Y por supuesto a mi queridísima escuela: el Centro Regional de Educación Normal "Profa. Amina Madera Lauterio", de Cedral, S.L.P. México, lugar donde nació, se investigó y se experimentó este trabajo.

Por último, un especial agradecimiento a mi hijo José Alfredo por haber sido el primer lector de este trabajo.

BIBLIOGRAFÍA

Cordero, Roque. Curso de Solfeo. Editorial RICORDI

Machlis, Joseph. La música Mexicana. Ediciones PROMEXA

Malström, Dan. Introducción a la Música Mexicana. FCE

Reader´s Digest. Diccionario Enciclopédico

SEP Educación Artística. Primaria. Libro para el maestro

SEP Planes y Programas 1993. Educación Artística

SEP Planes y Programas RIEB 2011

UPN. Corrientes Pedagógicas Contemporáneas. Antología

Vigotsky, L. S. La Imaginación y el Arte en la Infancia. Distribuciones Fontamara